おなかの中からの子育て

浅井あきよ

WAVE 出版

はじめに

いま、妊娠中のあなたへ。

体調はいかがですか？

赤ちゃんとともに過ごす妊娠中と出産の体験は、変化に満ちた日々となります。妊娠、出産は人生のなかでも数度しかない貴重な経験。そこから受け取るものは、とても豊かで、あなたの人生を大きく変えてくれるでしょう。

同時におなかの中の赤ちゃんも、大きな変化の時を過ごしています。

「赤ちゃんは、人類誕生の歴史をおなかの中でたどる」といわれるほど、その成長は劇的です。この本では、

「そんな大事な時を、どうやって過ごせばいいのか」

「赤ちゃんのためにするといいこと」

をご紹介していきますね。

妊娠中の9ヶ月間は、わずかな期間です。短く感じるかもしれません。「そんな短期間で今までと違うことを身につけられるのか？」と心配に思うかもしれません。

でも大丈夫！

妊娠中のお母さんは巫女にも似た特別な存在。おなかの赤ちゃんと不思議なほど、意志疎通できます。

ただし今までの学校教育やお仕事で学んだこととは、別の「スイッチ」を入れる必要があります。それができると子育てがもっと楽しくなりますよ。ぜひこれからお伝えする「おなかの中からの子育て」を行なうことで、元気で幸せな赤ちゃんを産んでください。

妊娠、出産、育児を通して豊かな世界を発見することを願っています。

2015年　初夏　浅井あきよ

池川明先生からのメッセージ

みなさん、はじめまして。池川明です。私は産婦人科医として働く傍ら、「胎内記憶」について独自に調査を行なってきました。胎内記憶とは、「お母さんのおなかの中にいたときの記憶」のことです。

医学の世界では「赤ちゃんはおなかの中のことを覚えてない」と考えられていましたが、長年お産の現場に立ち会い、子どもたちに接する中で、生まれる前のことを話す子どもたちとのたくさんの出会いがありました。

それからおよそ3500名の0歳から6歳の子どもの保護者の方を対象に、「胎内記憶」や「誕生記憶」のアンケートを取り、調査をしてきました。その結果、明らかに子どもたちが、おなかの中にいた時のことを覚えていたと言わざるを得ない様々なエピソードが集まりました。

子どもたちの話には、「(お母さんのおなかの中は) 暗くて、あたたかかった」「水の中に浮かんでいた」「ひもでつながれていた」というものから、

「お母さんの声がいつも聞こえていた」「そろそろ生まれないと大変だと思った」というものまで、じつに様々です。なかには、「お空の上で、お父さんとお母さんを選んだ」と語る子もいました。

子どもたちは、お母さんのおなかの中で、たくさんの情報を受け取っていたのですから、生まれる前から、子育てはすでに始まっていると言っても過言ではありませんね。

妊娠中の約9ケ月、赤ちゃんと一緒に、いかに楽しく過ごすかで、大げさかもしれませんが、子どもの一生が変わってきます。そういうことで「おなかの中の赤ちゃんはすべてわかっている、という前提で過ごしましょう」と多くのお母さんたちに伝えてきました。

しかし私が伝えるよりずっと前から、「おなかの中からの子育てが大切です。赤ちゃんはすべてわかっているのですよ」と、お母さんたちに伝えていたのが、本書の著者である浅井あきよさんなのです。

ぜひ浅井さんがおすすめする「おなかの中からの子育て」の考え方やワークを、一人でも多くのお母さんたちが実践され、幸せな子育てをされる方が増えることを願っております。

第1章 まず「ママ自身」を大切にする

第2章 育児の第一歩は「おなかの中から」

③散歩

④手当て

装画・本文イラスト●さいとうかこみ
装幀●加藤愛子（オフィスキントン）
執筆協力●高橋洋子

第１章

まず「ママ自身」を大切にする

おなかの中から育つもの

私が「おなかの中からの子育て」をすすめるには、大きな理由があります。

赤ちゃんがおなかの中で育つ期間は、生まれてからの時期と比べても成長が著しく、お母さんと直結しているからです。

赤ちゃんは、お父さんとお母さん両方の遺伝子を受け継いできますが、お母さんの体は、赤ちゃんの「環境」そのもの。お母さんの生活リズム、食べたもの、喜怒哀楽、すべて赤ちゃんに伝わっています。

たとえ、おなかの外で何が起ころうとも、お母さんを通してしか赤ちゃんには影響は及びません。そこで、ぜひ心がけたいのが、次の2つです。

＊赤ちゃんに心を向けましょう

＊お母さん自身を大切にしましょう

赤ちゃんもおなかの中にいる時から安心して過ごすのと、不安を感じながら過ごすのでは、違いが出てくると思いませんか。

お母さんも赤ちゃんとのつながりを感じとることができると、安心感が生まれます。これだけで「赤ちゃんとお母さんの心の通い合い」ができます。

「おなかの中からの子育て」をした子どもは、次のような傾向があるように思います。

・機嫌がよく、訴えがわかりやすい子になります。
・いきいきとした、「ちゃんとわかっている」という目をしています。
・両親のよいところを受け継ぎます。
・人の気持ちがわかり、それでいて人の言いなりになりません。
・自己を肯定します。自分を大切できると他人も大切にできます。
・持って生まれた能力を最大限に発揮することができます。

「生まれつきの性質」や「人徳」と言われる人間の核となるところを、おなかの中にいる時に育てることができるのです。

頭でなく子宮を中心に生きる

「おなかの中からの子育て」とは、簡単に言えば「胎児のときから充分に心を懸けて育てよう」ということです。私にはこのことを気づかせてくれた3人の師がいます。

整体協会の創始者、野口晴哉《はるちか》先生、東洋医学に基づいた胎教を説いた伊藤真愚《しんぐ》先生、座禅の原田湛玄《たんげん》老師です。

この3人に共通するのは、**「人間を根本的に生かしているのは、知識や考え以前の、もっと大きな宇宙的ともいえる命」**と捉えていること。

頭で考えたことを中心に生きるのではなく、丹田《たんでん》を中心に生きることをすすめている点です。

丹田の場所は、ちょうど女性の子宮の位置と同じですので、「子宮を中心に生きる」と言い換えることもできます。

そう、妊娠中はまさに子宮を中心に生きているのです。

「まっさら・清々しい」出産体験

私が「おなかの中からの子育てが大事」と思うようになったのは、4人の子育てが試行錯誤の連続だったことにあります。

現在、NPO法人「へその緒の会」で妊娠中のママにレッスンを行なっていますが、以前の仕事は、父と母が創立した幼稚園の2代目園長。その前は、伊豆の山中で、家族で自給自足の生活をしていました。

もともと私は小学校の卒業文集に「大きくなったらお母さんになりたい」と書く子でした。幼稚園で働く母はいつも忙しそうでしたので、私の理想はサラリーマンの奥さんで専業主婦、お母さんになって子育てをすることでした。

いいお母さんになるためには、どんな人と結婚すべきか、小学生の頃からずっと考えていました。その甲斐あって（？）か、24歳で8歳年上の理想的な人と結婚、そして、25歳で1人目を妊娠。評判のよい大きな総合病院を紹介されました。

毎月の妊婦検診は、長い時間待って、流れ作業のような診察時間を経て

「異常なし」と言われました。うれしいことのはずなのに、どこか物足りない。

「妊娠中の赤ちゃんのためにするといいこと」を教わりたいと思い続けながら、出産を迎えました。それでもお産直後は、自分がまっさらになったような清々しさを感じました。

それまで、私は大学で4年間幼児教育を学び、幼稚園にも2年間勤めましたが、幼児以前の赤ちゃんや、まして胎児期のことなど知りませんでした。でも、産んでみて、妊娠中や授乳期に「人間の原点を作る大事なことがあるのではないか？」そんな気がしたのです。

女性は産んでさらに美しくなる

お産から1年半たって、やっと「胎児期にした方がよいこと」に巡り会えました。それが野口晴哉先生の『整体入門』（ちくま文庫）という1冊の本。

野口晴哉先生は、整体という言葉を初めて使った天才的な治療家です。戦後、真の「からだ育て」をすすめる団体として、整体協会を作りました。

『誕生前後のこと』（全生社）という本には、

「おなかの中から命は始まっている。

生まれる前から一個の人格を持った人間を育てているという気持ちで過ごす必要がある」

と書かれています。これが現在の「おなかの中からの子育て」の原点となった1つ目の考え方です。さらに野口先生は、

「お産を機に女性はさらに良いからだになる。

お産と産後を上手に過ごすと、産む前より美しくなる」

と言っています。ぜひ2人目はこの方法で産もうと思いました。

整体協会の本部は広い畳敷きの趣のある和風の建物で、野口先生は袴をつけた姿で小柄な仙人のような雰囲気でした。

通い始めて半年ほどで2人目を妊娠。上の子を預けて通うのは大変でしたが、「今しかない」と切羽詰まった思いだったことを今も覚えています。

その時おなかにいた2人目の子は7月生まれですが、その少し前の6月22日に野口晴哉先生は急逝されました。お目に懸れたのは先生の最晩年だったのです。

子どもを全肯定して受け止める

「おなかの中からの子育て」は、まずお母さんが**「自分を大切に」**するところから始まります。赤ちゃんも大切な存在ですが、その前にまず、

「自分は大切な存在だと気付くこと」

が基になります。そう思うに至った、私の体験をお伝えしますね。

夫も私も東京生まれの東京育ち。そんな夫が都会の暮らしをやめて、自分で食べ物を作る暮らしに入ると宣言しました。伊豆に引っ越し、自給自足の生活が始まりました。

3人の小さな子どもを抱えて、炊事・洗濯、掃除。都会の生活から比べたら、何をやるにも時間がかかりました。

野菜はついた泥を洗うところから始まり、釣ったままの魚、

山ほどの筍、大量の梅の実など、いただいたものを食べられるように加工するのですが、いつも時間が足りません。

3人の我が子を抱えるだけで手いっぱいなのに、さらに近所の0歳児を1人預かることになり家はいつも片づかず、家事も思うようにこなせず、どんどん自信を失うばかりでした。

いいお母さんになりたい、この人のいい奥さんでありたい、という気持ちと、理想にほど遠い自分の現実の間で押しつぶされました。思い描いた理想の方から自分を見て、こんな私は存在する意味がないという考えにまでなっていました。

元気を失う私を見て、夫はかねてから何回か参禅して深く尊敬していた仏国寺の老師さまの下へ、座禅に行くことをすすめました。

3人の子どもを夫に任せて、小浜の仏国寺の11月の接心会《せっしんえ》に参加。接心会とは、座禅を集中的に7日間行う修行です。

前日に初めて老師さまとお会いしました。私がほとんど何も言わないのに、とても慈悲深い表情と声で、

「ご自分を卑下することはありませんよ」

と一言。

その言葉により、私の心にパーッと光が差し込みました。

老師さまの眼差しは、存在そのものを肯定している仏様そのものでした。

私が至らない者であっても、仏性を備えた可能性を持つ人間の一人として見てくださっていると感じました。

そのことが有り難く、涙が止まりませんでした。

7日間の座禅を終えて帰る時には、希望の思いが満ちていました。

「子育てに一番大事なのは子どもを全面的に肯定して受け止めること」。

老師様の態度から、そう深く気づかされたのです。

自然やからだの摂理に従った子育て

もう1つ、私が大切にしているのが伊藤真愚先生の「自然やからだの摂理に従った胎教」の考えです。

真愚先生は、信州・伊那市に、漢方思志塾という場を開設。信州と東京を中心にいろいろな人の健康相談にあたっていました。

4人目の子どもを産むにあたって、伊藤先生の教えを実践し、そのすばらしさを実感しました。

後ほど紹介する「日想観《にっそうかん》」というイメージワークは伊藤先生から教わったものです。

あるとき、真愚先生に「胎教で一番大事なことは何ですか」とお尋ねしたところ、「お料理するときは料理に専念し、掃除をするときには掃除に専念する、いまここに心を集中して何事にもあたることです」と言われました。

また、真愚先生から、

「赤ちゃんは天からお母さんやお父さんを選んで来る」

という考えを初めて学びました。

いのちあるものの法則に従って

整体も東洋医学も「気」を前提としています。命のない物質ではなく、生きている状態の「命あるもの」の法則に基づいた考え方です。

たとえば、自動車のタイヤと人間の足と比べてみましょう。タイヤは使

えば減ります。人間の足は使わなければ衰えますが、使えば筋力が付きます。

命あるものの原則や知恵は、子育てに役立ちます。

「自分は大事な存在である」という老師さまの教え、**「自然とは野山や海の事でなく、自分のからだの中にある」**と気づかせてくれた野口整体。

「胎教を実践的に教えてくれた」伊藤先生、この3つの考えがひとつにまとまりました。

4人目の妊娠出産で実践してみると、胎児期から心を懸けて育てれば自己肯定感の高い子になるということがよくわかりました。

私はこのことをいつか人に伝えたいと思うようになり、徐々に「おなかの中からの子育て」ができあがったのです。

そしてこれらの教えは、「心がけ」や「気の持ちよう」という漠然としたものではなく、かといって難しいことでもなく、日常の生活の中でできる具体的なものばかりであることも、ぜひ多くの方にお伝えしたいと思った理由です。

自然の恵みで人はいかされている

4人目の子どもが1歳を過ぎたころ、伊豆から東京に戻り、夫とともに幼稚園を運営することになりました。

幼稚園の運営にあたっては「からだ育て」の考えを基にし、田舎暮らしで学んだ「自然の恵みの中で人は生かされている」ということを実感できる保育をしたい。

さらに幼児期に大事な「人と関わる力を育てる」ということも入れて幼稚園の3本柱にしました。

そして「胎児期の大切さ」も伝えていこ

う と思っていました。でも幼稚園は3歳からの教育の場。入園してきた人に「おなかの中からが大事」と言うのはおかしいですよね。

そこで妊娠中のママだけを集めた会を開くことに。1987年から、おなかに赤ちゃんのいるお母さんとの集まりを月2回のペースで開き、今も続いています。

初めは知識や情報を学ぶ内容が多かった会でした。だんだんと体のリラックスを中心としたイメージワークを主とするように変わり、一つのスタイルができあがりました。

整体や座禅、真愚先生の胎教など、自分の中に流れ込んでいたものから、生み出された結果です。

では具体的に「おなかの中からの子育て」でいったい何をするか、第2章でご紹介します。

体験者の声Y・Mさん・40代・1人目 10歳 2人目 5歳、東北在住

流産を経て2人目を無事出産。風や鳥、木や花々の美しさを赤ちゃんと共有した幸せな時間。

1人目を妊娠したときは、生まれる2ケ月前まで仕事をしていましたので、おなかが目立たないように妊婦らしくみえないようにしていましたが、特に問題なく安全でした。

2年後、第2子を妊娠しましたが、6ケ月に入ったときに、流産してしまいました。

この体験から赤ちゃんを授かることや、おなかの中で順調に育っていくこと、無事生まれてくることは奇跡であり、どれだけありがたく素晴らしいことであるかを痛感しました。

流産してから3年後、もう一度赤ちゃんを授かったときは、もっともっと命に敬意をはらい、心をこめて感謝しながら、おなかの赤ちゃんとの時

間を大切にしようと心に決めました。そんな時に浅井先生と出会いました。いつも赤ちゃんに気持ちを寄せてゆったりした心でいることの大切さを教えていただきました。それは言葉ではなく、感覚として残っています。

日差しの温もり、風の心地よさ、鳥のさえずり、木々や花々の美しさなど自然を感じ、これから生まれてくる世界の素晴らしさを赤ちゃんと共有する幸せな時間でした。様々なことを赤ちゃんに話しかけました。

どうしても急ぐ時には「今からちょっと走るからね、ちょっと我慢してね」など声をかけました。おなかの赤ちゃんは、安心している様子で、よくギューッと伸びをしていました。ゆったりしていました。

内心、また流産しないか心配でしたが、おなかの赤ちゃんとずっと話していて幸せで満足のいく妊娠期間でした。

「おなかの中からの子育て」をしていたおかげか、話（気持ち）が通じるので、言葉がしゃべれない時でも、「なぜ泣いているのかわからない」ということがなく、とても幸せな時を過ごしてきたので、子どもとのコミュニケーションが楽になりました。

いま、その子は5歳になります。人の気持ちを察したり、人の思いに気が付く感性の豊かな子に育っていて、一緒にいて心が温かくなることが多々あります。

「おなかの中からの子育てがこんなに大事だったのか！」と改めてその大切さを実感しました。

仙台にいる妊娠中の友人にも「おなかの中から子育てが始まっていること、赤ちゃんにいつも心を寄せて声を掛けていくことの大切さ」を話しました。

友人はその後アドバイス通りに妊娠生活を送り、生まれた赤ちゃんは驚くほど落ち着いているそうです。友人夫婦からは「すごい！　素晴らしい！」と、とても感謝されました。幸せな親子が増えて、嬉しいです。

第2章

育児の第一歩は「おなかの中から」

「生きものの勘《かん》」を取り戻す

「おなかの中からの子育て」は、**「妊娠から始まって、出産をへて、おっぱいをあげるところまで」**の期間で一区切りです。そこまでがうまく進むと、その後の子育てもきっと順調にいきますよ。

その時の心の構えは、次の２つが大前提となります。

＊わが子を歓迎する気持ち
＊赤ちゃんを一人の人間として扱うこと

「胎教」をして育てたらよい子になると言いますが、それは「自分の思い通りの子になる」ということではありません。自分が叶わなかったことを子どもに託すのは間違いです。

赤ちゃんには一人ひとり、この世に生まれてきた使命があります。使命が何かわからなくても、最大限発揮できるように環境を調えてあげることが親の役目。おなかの中の赤ちゃんを大切な預かりものとして、全肯定して、受け止めること。それが一番大事です。

その上で、おすすめしたいのが、次の4つのことです。

①イメージワーク
②話しかけ
③散歩
④手当て

いずれも「からだ」で行なうこと。「からだ」とは、単なる肉体のことではなく、人が発する気（生命エネルギー）も含みます。「からだ」の中でもいちばん気持ちを向ける部分は丹田（子宮）です。

頭ではなく子宮に意識を向けて生きることが、私たちにとって、生き物としての勘を取りもどすことにつながります。また、赤ちゃんとの絆を結ぶことで、赤ちゃんへ安心を与えることになります。

①イメージワーク

ママと赤ちゃんのための「3つのイメージワーク」

これからお伝えするイメージワークを行なうと、自分のからだの声に耳を傾けることができます。

赤ちゃんは、子宮の中にいますから、自分のからだに注意を向けることは、おなかの赤ちゃんに注意を向けることにもなります。

ワークは、いつもと違う頭の使い方をします。少しの間、呼吸に集中して、からだ全体に注意を向けてみましょう。

これから紹介するイメージワークは3種類あります。

- 基本の「木になるイメージワーク」
- 妊娠期間を通じてやるとよい「太陽のイメージワーク」
- お産の陣痛の時に役立つ「オープニング・フラワー」

一つずつ、順にご紹介していきます。

赤ちゃんに心地のよい環境を作る

木になるイメージワーク

現代に暮らす私たちは、どうしても頭の方にエネルギーがいきがちです。現に、今こうして本を読んでいるという状態は目と頭を使っていますよね。また、普段私たちは無意識に頭の中でなにかしら、あれこれ考えていま す。その考えを一時手放してみると、どうなるでしょうか。

それを誰でもすぐに体験できるようにしたのが「木になるイメージワーク」です。

妊娠中はママの気持ちがリラックスし、落ち着いていると、赤ちゃんも心地いいようです。

リラックスする時間を持つために、「自分が木になったつもりで座る」イメージワークをおすすめします。

レッスンを始めた当初は「音楽を聴いてリラックスする時間」と言っていましたが、今ではこのワークなしには、私の「おなかの中からの子育て」レッスンは考えられないほど大切なワークとなっています。

ママのからだがリラックスすることは、赤ちゃんにとって居心地のよいことです。

居心地が悪いのは、

「ママが緊張している」

「頭ばっかり使っている」

「心配ごと」で「赤ちゃんへ気持ちが向いてないこと」。

からだをリラックスさせて、気持ちを赤ちゃんに集中させる時間を意識的に取りましょう。それが一度にできるのがこのワークです。

しかも単にリラックスできるだけではありません。

この「木になるイメージワーク」は、自分自身をしっかり大地に根付かせ、心も安定させるグラウンディング、そして自分のからだの中心軸を地球の中心を通る線に合わせること、この2つが同時に行なわれるものです。

「静かな場所、ゆったりした曲、ざぶとん」を用意

用意するもの

静かな場所。CDなどの音源、ざぶとん2枚

・音源について

パッフェルベルのカノンなど、ゆったりした曲がおすすめです。3分くらいの曲を3回続けて流し、合計9〜10分行なっています。

座り方

正座か、座禅のように座ります。ざぶとんは1枚は敷き、もう1枚はお尻の下に二つ折りにして当てると背筋がスッと伸びます。日本式の正座で足がしびれる場合は、座布団を二つ折りしたものに、またがって座ると体重が脚にかからず楽ですよ。むずかしい場合は椅子に座ってもOKです。メガネをかけている人は、外します。

準備運動

体勢が整ったら準備として、まず大きく息を吐きます。

胃のあたり、肋骨がないところを「みぞおち」と言いますが、この場所は、柔らかいのが良い状態。心配事などあると硬くなります。

一方、「丹田」は下腹の、おへそより少し下。ここは空気の入ったボールのように弾力のあるのが良いとされています。

みぞおちに両手を当て、からだを前に倒し大きくゆっくり息を吐きます。「はぁーー」と大きく、息をすべて吐き出します。

上体を起こすと、息が自然に入ってきます。

意識するのは吐くほうだけ。

吐く息と共に、からだの中からいらないものが出ていきます。

いらない感情なども吐く息と共に出して捨ててしまいましょう。

吸う息と共に、新鮮な空気が入ってきますよ。

それを3～5回くり回しましょう。

あくびや涙が出てくることもありますが、からだがリラックスしてきたしるしですから、出るものは止めないで結構です。

最後の1回は、よりゆっくりと行いましょう。

終わったら音楽をかけます。

座って軽く目をつむり、手は膝の上にのせ、手の平を上に向けましょう。音楽が始まったら、そこに気持ちを預けて、言葉で考えることをしばらくの間やめます。

次に自分の脚や足を感じてみましょう。

椅子に座っている場合は床に面している足の裏を感じ、正座や座禅すわりの場合も床に接している脚を意識します。

からだの中心から紐についた重りが垂れていて、それが地球の中心までつながっている、そんなイメージです。

姿勢はそのままで、深い呼吸を意識します。

特に吐く息に意識を向けましょう。

眉と眉の間を開き、肩の力は抜いて、胸を開くようにイメージします。

さあ、実践してみましょう「天と地を結ぶ大きな木」に

音楽をかけ、次の言葉に合わせてイメージをしてみましょう。

座っているところから、根っこが生えて、地面にぐーんと根っこが張っていきます。

吐く息、一息一息ごとに、ぐーんと地面に木の根っこが張っていきます。

吐く息一息ごとに、地球の中心に向かって、ぐーんと根っこが張っていきます。

しっかり根っこを張ったら今度は、太いどっしりとした幹をイメージしましょう。

根っこは深く幹《みき》はどっしり。そして頭は、枝となって、グーンと天に向かって伸びていきます。

枝先は枝分かれして細く、しなやかに。風が吹けばさらさらっと、風になびくくらいしなやかに、軽やかに。

根っこは深ーく、幹はどっしり。枝先は天に向かってすーっと伸びています。天と地を結ぶ大きな木になりました。

まわりには、気持ちのいい空間が広がっています。その真ん中で、天と地をつないで堂々といる、大きな木です。

そっと、両手をおなかに当ててください。赤ちゃんに、優しい気持ちを向けましょう。

子宮の場所は、丹田といって、いのちの源です。その場所を中心に、深い呼吸をしましょう。

音楽の終わりまで、一息ひといき大切に呼吸をしていきましょう。

急に目を開けて立ち上がると、クラッとする人もいます。「自分のからだ」に意識を行き届かせて、終わるようにします。最後に大きく息を吸い込んで、一回止めて、「はぁーー」と吐きだし、「目を開けるよ」と自分に言い聞かせてから目を開けます。

2人目妊娠中も「木になるイメージワーク」で乗り越えて

木になるイメージワークは、様々なシーンで応用することができます。

例えば、上の子がいる場合、子育てで忙しく、おなかの赤ちゃんに集中できない方も多いですよね。

そんな方には、毎日寝る前に静かな時間をとることをおすすめしています。子どもが夜、すっと寝てくれたらいいのにと思う方にも「木になるイメージワーク」が便利です。

子どもが寝る前に、部屋を少し暗くして音楽を流してみましょう。これを行なうと子どもが10〜15分くらいで眠りにつきます。

忙しいママも静かな時間をとることができ、一石二鳥です。

毎日定番にしてしまえば、出産で入院している間も、パパやおばあちゃんにも、同じ音楽、同じ手順で寝かしつけてもらえますよ。

コツは大人が「早く寝てくれ」などと焦らないこと。静かな音楽で頭をからっぽにして、大地にしっかり根を張り、深い呼吸をして、ただそこにいる。すると子どもは大人の静かな気を感じて安心して眠りに入ることができます。

上のお子さんがいる場合、毎日の時間の流れをつくることも大事です。特に2歳ごろの子どもは、形が決まっていることが安心感につながります。物の置き場所や手順もこだわる子どもに「なんて頑固なの?」と思うでしょう。しかし、これは規則正しく繰り返されることで安心する、年齢的な特徴によるもの。

1日の生活時間の大枠を決めてしまえば、イヤイヤ期と言われる2歳前後の子どもとの日常が楽になります。大枠とは、起きることと寝ること、食事の時間です。

大人の時間に合わせて夜更かしをする子どももいますが、心身ともに子どもを健やかに育てたいのなら、早起き、早寝をさせましょう。

子宮をほわんと・温かく

太陽のイメージワーク（日想観《にっそうかん》）

これは、東洋医学に古くから伝承されている養生法の一つ「日想観」で、真愚先生の「胎教」の中心の考え方でもあります。

太陽の持つ熱と光をイメージでからだの中に取り込み、生命力を活性化する方法です。健康法として、妊婦以外の方にもおすすめです。

「おなかの中からの子育て」としてするには、子宮の赤ちゃんに届かせるように行ないます。意識するのは、子宮のある場所である「丹田」です。

時刻　日が昇る午前中

古くから、太陽が昇る方角（東）は次世代を育む力があるとされてきました。

場所　太陽の見えるところ

雨のときは部屋の中で、太陽をイメージします。

姿勢 室内なら、正座か座禅のように座ります。または椅子に座って行ないます。

外で行なう場合は、立ったままでも結構です。

天に向かって垂直にアンテナを立てるように意識します。

手順 左右の人差し指と人差し指、親指と親指を付けて菱形を作り、太陽に手の平を向け、かざします。

この菱形のフレーム越しに太陽を見つめます。このフレームがレンズのように、エネルギーを集めると思ってください。

目をつむり、手のひらに熱を感じます。

その熱を、腕からおなかへ流し入れるような気持ちで子宮に届けます。

目を開いて少しだけ太陽を見つめ、その光を子宮の赤ちゃんにまで届けるつもりで、静かに呼吸します。繰り返し、その光と熱（温かさ）を深い呼吸とともにおなかの中の赤ちゃんに届けます。

赤ちゃんが輝き、子宮が輝き、内側から発する光でからだ中が輝くように念じながら行ないます。

太陽のイメージが全身に満ちあふれるまで行なうと、子宮がほわんと温かくなってくるのがわかるでしょう。

一通り終わったら、両手の手の平で、顔、腕、胸、お腹、脚へと上から下に、体をなで下ろします。

以上が、太陽のイメージワークです。雨や曇の日でも、イメージの世界で行なうことができます。続けることが大切です。

続けて行なうことで、迷いや不安、病気などを寄せ付けなくなります。さらに赤ちゃんは光り輝き、周りを明るく照らすような子になるとも言われています。

つづいて、生活の中に応用した例をご紹介します。

太陽のイメージワークの応用①

日の出お散歩で、おなかに光を届けよう

太陽のイメージワークを散歩と合わせて行なうと、運動不足の解消にもなります。特におすすめは、日の出の時間のお散歩です。昇ってくる朝日を見たら、合掌します。次に手をかざして、手の平に感じた温かさのイメージをおなかの中の赤ちゃんに届けます。散歩の途中なので立ったままです。

「みんなを明るく照らす子になる」という想いとともに、太陽の光も届けましょう。

一度試してみると、気持ちよくて、もう一日、もう一日と続けたくなるでしょう。雨の日には、自宅で正座して太陽を思い浮かべます。

あなたの家族が心配しないように、ご主人には赤ちゃんのための早朝散歩をしていることを伝えておくといいでしょう。

太陽のイメージワークの応用②

通勤電車もチャンス！「朝の通勤散歩」

通勤時間は、朝の光を浴びて歩いています。

太陽のイメージワークを行なうのに、もってこいのタイミングです。

出勤時に太陽をちらっと見て、そのエネルギーをおなかの赤ちゃんに届けてみてはいかがでしょうか。

電車の中から太陽が見えたら、「ラッキー！」と思って、おなかの赤ちゃんに届けるつもりで呼吸しましょう。

ただ、太陽に手をかざすのは、電車の中では、恥ずかしいもの。そこまでしなくても結構です。

他の人には何をしているか、わからなくても、試してみると、赤ちゃんにいいことをしている実感がわくはずです。

ゆっくり、花びらがほどけるように行なう

オープニング・フラワー

これは、出産当日に行なうといいイメージワークです。

お産の日、陣痛（子宮の収縮）時に、子宮口が徐々に開いていく事を花が開いていく様子に例えたワークで、『お産のイメジェリー』（カール・ジョーンズ著・清水ルイーズ監訳・河合蘭訳／メディカ出版）に出てくる「オープニング・フラワー」を私風にアレンジしたものです。

きれいな花が開いていく様子をイメージすることで、子宮口が開くことを促進します。

陣痛の始まりから赤ちゃんが生まれるまで、かかる時間は人によってさまざまです。

陣痛は波のようにやってきます。例えば、15分間隔の陣痛は、15分に1回90秒以内の収縮がきて、休みの時間が13分半ほどあります。

3分間隔でも陣痛は90秒以内。それと同じくらいのお休み時間がありま

す。収縮が来ている時にも、ほっとできるお休みの間も、このイメージワークは頼りになります。
このイメージワークは「臨月まではやらないほうがよい」と言われています。それまでは子宮口や膣を「花のつぼみ」としてイメージします。花の開いていく様子を思い浮かべられるように、花をよく見ておきましょう。

準備運動

木のイメージワークに慣れてきた人は、最初に木のイメージワークを行ない、リラックスした状態になってからやるとよいでしょう。オープニング・フラワーだけ行なう場合、準備運動として、大きく息を吐く呼吸を3回以上してから、始めましょう。

姿勢

自分にとって気持ちよいと思う姿勢で自由に。ただ、あおむけに寝た姿勢は適していません。地球の重力も味方に付けましょう。

〈オープニング・フラワーの一例〉

最初は、吐く息に集中して、静かに深い呼吸をします。
自分の体の中心を意識します。
子宮口のあたりに意識を向けます。

きれいな花を思い浮かべましょう。
今はまだつぼみから少し開きはじめた状態です。

その花が花びらを、ゆっくりとほころばせて、開いていく
様子をイメージしてみましょう。

花びらが、ゆっくりと開いていきます。
湿り気を帯びた花びらの様子も見てみましょう。
暖かな日の光、花の香りもしてきます。

吐く息とともにゆるやかに花が開いていきます。

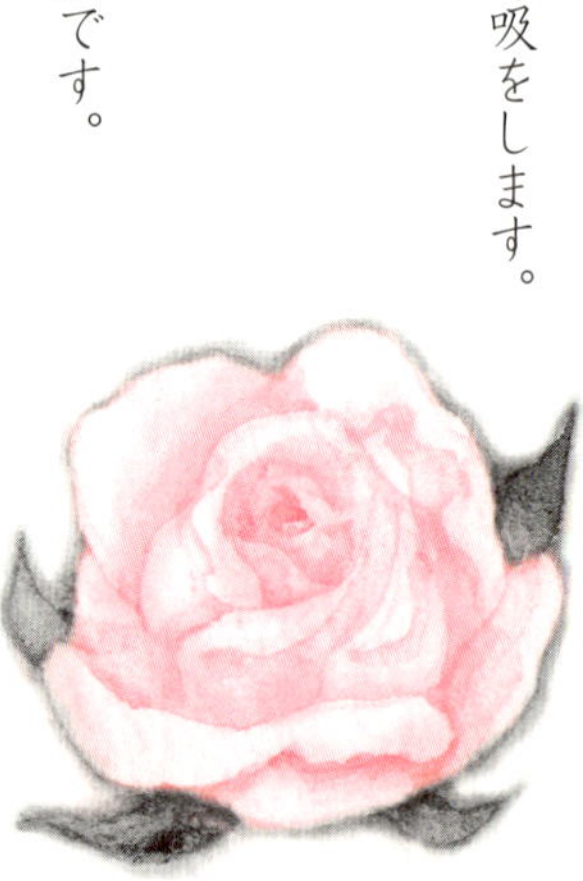

静かに呼吸を続けます。
少しずつ、少しずつ、さらに花が開いてきました。
花はどんどん開いてきます。

花が開いていくイメージを続けていきましょう。
花は内側からの力で、おのずとゆっくり、ほどけるように開いていきます。

いつの間にか、もっともっと開いてきました。
花は、今まさに自らの力で、大きく美しく開花しようとしています。

静かに呼吸して、自分のからだの中心を感じてみましょう。

大きく息を吸い込んで、一回止めて、大きく吐いて、ゆっくり目を開けます。

実際に陣痛が来たときに使えるよう、自分のものにしておきましょう。

花のつぼみが開ききった時、赤ちゃんが産まれる！

オープニング・フラワーは、陣痛の収縮の波に合わせて行ないます。

今まさに陣痛の波が来ているという時、かたいつぼみの花が中から開く力を受けて開いてきているとイメージしましょう。

陣痛の合間には、ゆったりとした深い呼吸を心がけましょう。

呼吸とともに、花のつぼみがやわらかに、みずからほどけるように、開いていきます。

このイメージを陣痛の波に乗りながら、その都度、繰り返します。

出産時に、オープニング・フラワーを実行した方は、次のように感想を語ってくれました。

「2人目の時に初めて行ないました。事前の準備として、花の写真のコピーをいつも見える冷蔵庫のドアに貼っておきました。写真をいつも見ていたので、お産当日それを持っていなくても花を思い浮かべることができてよかったです。

陣痛の波が来ている時は、つぼみはかたく、なかなか開かない感じでした。陣痛の合間にはホッとしてからだをゆるめ、吐く息とともにふわっと花が開いていく様子を想い描きました。

このきれいな花が開ききった時に、赤ちゃんに会えると思うと、陣痛も期待感でいっぱいでした。その時は、これでいいのかな？　と思いつつも、そのイメージに集中することで陣痛を乗り切ることができました。

3人目のお産の時は前回より余裕をもって行なうことができました。なにより、お花の中から赤ちゃんが生まれてくるという期待感に包まれてお産ができたことがよかったです」。

いかがでしょうか？　ぜひ、この感覚を味わってみてください。

②話しかけ

パパ、ママからまずは「おはよう」を

妊娠中、赤ちゃんに話しかけることは、イメージワークより簡単です。いつでも誰でもできます。

妊娠初期は、おなかに赤ちゃんがいるという状況に実感が持てない時だと思います。

妊娠検査薬などなかった頃、「つわりは便り」という言葉がありました。これは、月経が止まることと、つわりによって赤ちゃんが来たことを知ることを言います。

妊娠初期は、1つの体に2つの命という新しい状況に慣れるのに、体は大忙しです。実感はまだ湧かなくても、赤ちゃんに思いをはせて、いつでもおなかの中で赤ちゃんを育てているのだと思って過ごしましょう。

朝起きたら、まずは「おはよう！」と声をかけて、パパにも「おはよう！」を言ってもらいましょう。

新米パパのためにも「赤ちゃんノート」を用意

赤ちゃんの事をパパにも思い描いてもらうのに、おすすめなのが『マイマタニティダイアリー』(竹内正人著／海竜社)という書き込み式の日記です。毎日の赤ちゃんの様子とママの体の変化がわかります。

パパ向けのメッセージも時々入っています。ぜひ2人で読んでみましょう。1日3行くらいの小さな書き込みスペースがあります。

きっちり書かなくても、途中から書いたって構いません。

書き込み入りの本は、あとで家族の特別な1冊となることでしょう。

もっと自由に書きたいという方には、赤ちゃんノートを1冊用意することをおすすめします。自分だけのノートとして、何でも書きます。

産後はホルモンの影響で忘れっぽくなるそうですが、書いて、どんどん忘れるのもいいことです。頭はなるべく空っぽにしておきましょう。

もし、じっと考えなくてはならない問題があったら、頭の中で考えずに、ノートにキーワードを書き出すなど、具体的に目に見える形にして考えることをおすすめします。

小さい字では目が疲れますが、目への影響を考えるとパソコンやスマートフォンでなく、手書きの方がいいでしょう。目と骨盤は関係があり、骨盤はお産と深い関係がありますので、目を酷使しないようにご注意を。

『改訂版　わたしのお産サポート・ノート』（お産情報をまとめる会著／ママ・チョイス刊／本の泉社）も、妊娠期間中、お産、おっぱい開始（産後7日）までの書き込みができます。

その中の「産院選びの10か条」も役に立ちますよ。

パパにも「おなかの中の赤ちゃんはいろいろなことがわかっている」という事を知ってもらうのにおすすめなのが『胎内記憶』（池川明著／角川SSC新書）。

客観的なデータに基づいた理論で男性にも共感を得ることができる内容です。おなかの中でパパの声も聴いていると知ったら、話しかけるのも楽しくなるでしょう。

おなかの赤ちゃんに、ニックネームをつけて呼ぶのもいいですね。でも名前が決まっても、決まらなくても、子宮に思いを向けて話しかけていれば、だんだんコツが分かってきますよ。そっと手を当てたり、トントンと軽くたたいたりというのも、話しかけの一つ。

赤ちゃんへの話しかけは、毎日、当然のことのように行ないましょう。「話しかけ」と書いてきましたが、これが一方的なものではなく、相互的なのだと知ったのは、対話師の山内ちえこさんに出会ってからです。

山内さんは前述の池川先生の池川クリニックにも勤務していた方で、現在、対話師として活動をしています。「へその緒の会」でも「おなかの中からの子育てレッスン」の中の「おなかの赤ちゃんとの対話」の時間を担当しています。

「おなかの赤ちゃんとお話ししよう」というレッスンは、イメージワークと相乗効果をもたらしてくれています。その内容については、2015年10月発行の『赤ちゃんとお話ししよう』(山内ちえこ著/WAVE出版)をぜひご覧ください。

次にご紹介するのは、話しかけの応用編です。

忙しくてもできる！ トイレで「一言」習慣

忙しく働くAさんが教えてくれた、話しかけの応用法があります。

Aさんは学校の先生をしていました。妊娠中も仕事柄、時にはガツンと叱らねばならないときも出てきます。そんな時トイレに入り、赤ちゃんに、

「さっきは大きな声を出してびっくりしたね。あなたの事ではないからね。びっくりさせてゴメンね！」と言って話しかけ、そっとおなかに手を当てたそうです。

外へ仕事に行っている人も、家で仕事をしている人も、またどんなに忙しい人でも、トイレに行かない人はいません。

まず「用を済ませて」、そのあと大きく子宮に向かって一呼吸。そして、赤ちゃんに一言、声をかけましょう。

③散歩

妊娠中の散歩が大事な3つの理由

私が散歩をすすめるのには、3つの理由があります。

1つ目は、散歩の時間は、おなかの赤ちゃんに意識を向ける時間となり、赤ちゃんに話しかける時間になるから。
2つ目は、自分のからだとの「対話」の時間になるから。
3つ目は「運動」になるからです。

お産に必要な筋力、産後の回復や子育てに必要な筋力を確保するためにも散歩は必要です。目安は30分から1時間。お産は「体力」を必要とします。少しの時間でも、続けることが大切です。

通勤時間も「散歩」を楽しもう

お仕事で会社に向かう人は、いつもより少し時間に余裕を持って「この時間はおなかの中の赤ちゃんとの時間にしよう」と自分で決めればいいわけです。

一歩一歩、大地を感じて歩き、いまこの瞬間に気持ちを向けます。そうすると赤ちゃんの存在がしみじみと感じられるでしょう。

往きは「上の子」の、帰りは「おなかの子」のために使う

２人目を妊娠中の場合は、上の子の幼稚園の送り迎えなどを散歩の時間にするといいですね。子どもを送るときには、上の子との時間を楽しみ、その子に充分に意識を向けます。

帰りはおなかの赤ちゃんと２人の時間になりますから、その時間を赤ちゃんに向けましょう。お迎えのときは逆に、往きは赤ちゃんと２人の時間、帰りは上の子との時間にします。こうすれば散歩の時間がなかなか取れないという人でもできますよね。

妊娠期の「靴選び」は全身に影響します

妊娠中に高いヒールの靴を履く人は少ないでしょうが、「かかとの低い靴なら大丈夫」と思っていませんか？

園長時代に、足によい靴について、専門家の話を聞く機会が多かったので、ちょっと一言、言わせてもらいます。

良い靴の条件は「足の指は楽に動けて、かかとはしっかりホールドされている」こと。足の指をギュッと締め付けてしまう靴は、外反母趾などになりやすく、おすすめしません。かかとがきちっとホールドされることの大切さは意外に知られていないかもしれませんが、紐などで甲を調節でき、サイズが大きすぎないことが大切です。

足が中で動いてしまうようでは、疲れやすく、ウオノメやタコの原因に。ウオノメのために歩き方が変になって、骨盤が歪むと、お産にも影響することになりかねません。

靴底の弾力や「返り」も歩きやすさに影響します。

大きなおなかではかがみにくいので、紐靴がないほうが楽かもしれませんが、靴は全身に影響があるということを知っておいてくださいね。

妊娠中のトラブルは、赤ちゃんからのメッセージ

何かの理由で、医師から安静を言い渡されたときは、それに従いましょう。無理に散歩をする必要はありません。できる運動を見つけて行ないましょう。

からだを垂直にして子宮口に重力がかかるのがいけないのなら、横に寝て足首やひざの運動をすることもできます。

骨盤底筋を締める運動も寝たままでもできます。

手の指を反らせたり、足の指を動かすだけでもいいのです。

妊娠中は心臓も平常の4割増しの働きをするといいます。静脈の血液は、足など末梢の筋肉運動によって心臓に戻るので、手足の末端を動かすことは心臓にも良いそうです。

安静と言われて、「パソコンやスマートフォンを見る程度ならいいだろう」と思う人もいると思いますが、目の緊張は骨盤に影響を及ぼし、お産の時に活躍する骨盤の開閉を悪くしてしまいます。

昔は、妊婦や産後の人には細かい字を見る事や針仕事をしないようにと

言っていたくらいです。パソコンやスマートフォンを必要以上に使わずに過ごす工夫をしてみましょう。

安静を命じられるような妊娠中の体のトラブルは、赤ちゃんからのメッセージであることが多いものです。

ただ心配するのではなく、「赤ちゃんは、何を知らせたかったのだろう」と自分のおなかにいる赤ちゃんに聴いてみましょう。きっと、答えが出るはずです。

また、思いがけず与えられた静かな時間を、赤ちゃんのために工夫しましょう。

安静中でも、赤ちゃんへの話かけはできます。

3分や10分のイメージワークもできます。

このあと、お伝えする「手を当てること」もできます。

④手当て

赤ちゃんに「澄んだ気」を送る

赤ちゃんへの話しかけの大切さは、ママはもちろん、パパにもぜひ知ってもらいたいことです。

ただ男性の中には声に出して言うのは照れくさいという人もいるでしょうから、「おはよう」「ただいま」などの挨拶だけでもしてもらいましょう。

その際に、軽くおなかに手を当ててもらうといいですね。

子どもの頃、痛いところにお母さんの手を当ててもらったら、楽になったという経験はありませんか？　手の平からは「気」と呼ばれる、誰もが持っている生命エネルギーが出ていると言われます。

赤ちゃんは敏感に「気」を感じます。

言葉だけでなく、毎日手を当てることは、赤ちゃんのために良い影響があります。

赤ちゃんは放っておかれたら生きていけません。自分へ意識が向いているのかをちゃんと感じ取っていますけ。気にかけてもらえることを、何より望んでいます。

「自分の手から、ちゃんと気が出ているかしら」と不安に思われる方は、次の「合掌行気《がっしょうぎょうき》」という練習法を行なうとよいでしょう。パパにすすめる前に、まずはママがやってみてください。

手が敏感になると、きっと、お母さんのおなかの赤ちゃんを服の上からそっと触っても何かを感じられるようになりますよ。

お産のあと、子育て中も何かと役に立ちます。

合掌は手の平を合わせること。
行気とは自分の中で気を巡らせるという意味。

「気」を充実させ高めるために行ないます。

赤ちゃんに当てる手は、ただ「気」が強ければよいのではなく、静かな気、澄んだ気がよいのです。

荒んだ気、乱れた気ではいけません。

まず正座して、両方の手の平を合わせ、目を閉じます。

息を手の平から吸い込んで手の平に息を吐くようなイメージで呼吸します。

一見、神仏にお祈りをしているようです。東洋医学では、右手が陽、左手が陰、合掌は陰陽が調和する形と言われています。

無心で5分間集中して行ないます。5分が長いと感じるなら、2分でも3分でも集中して行ないます。

ここまで、「おなかの中からの子育て」で大事な主な4つのこと（①イメージワーク　②話しかけ　③散歩　④手当）をお伝えしました。

できるものから、試してみましょう。

つづいて、このほかに妊娠中におすすめしたいことをご紹介します。

赤ちゃんとママに「ストレスフリー」の環境を

産む場所は「早めに、そしてよく吟味」

どのようなお産になるかは、産む人の体や赤ちゃんの状態とともに変わります。どのような場所（病院・医院・助産院・自宅）で産むか、どのような人に介助してもらうかの影響も大きいもの。病院（産院）も、規模によって、方針によって、さまざまな価値観があります。

妊娠の前半のうちに、よく考え、検討し、実際に見たり、話を聞いたりして決めていきましょうね。

ここでは、その場合の判断の参考になる本を載せておきます。特に初めてのお産の場合、必要になるでしょう。

私は「おなかの中からの子育て」とは、妊娠中から始まって、おっぱいをあげるところまでと考えています。お産はその真ん中に位置します。

生まれた赤ちゃんが機嫌よくおっぱいを飲み始めるためにも、お産がカギになります。どんなお産で、産後の赤ちゃんがどう扱われるか？　前もって知っておくことができたら、それは、喜びの多いお産や産後の子育てにつながるでしょう。

お産は病気ではありませんが、赤ちゃんにとってもお母さんにとっても命がけです。

・赤ちゃんにとって、なるべくストレスの少ないお産
・産む人への負担が少ないお産
・赤ちゃんとお母さんの絆がすぐつくられる環境

以上のような観点で、あなたにとっての優先順位を付けて、気持ちや情報の整理をしましょう。

完璧を求めず、予期せぬ事態にも対応できる柔軟さも大事です。

◆おすすめ情報◆

①妊娠全体に関して・産院選びのガイドもあります。

『産むブック』戸田りつ子著（農文協）

『改訂版　わたしのお産サポートノート』お産情報をまとめる会著（ママ・チョイス刊／本の泉社）

②帝王切開についてあらかじめ知りたいときは

『ママのための帝王切開の本』竹内正人著（中央法規出版）

③子どもとおなかの赤ちゃんについて話すのに

『いのちってスゴイ！赤ちゃんの誕生』大葉ナナコ著（素朴社）

④子育てのガイドに

『整体的子育て』山上亮著（クレヨンハウス）

目の温湿布で、リラックス&頭の中を空っぽに

目が疲れたと感じたときにおすすめなのが、目の温湿布です。フェイスタオルを折りたたんで、真ん中だけをお湯で濡らし、端の乾いたところを持って絞ります。こうすると熱いところを持たないで絞ることができます。

熱すぎたら広げて調節します。

目を閉じ、まぶたの上に温かいタオルを当てます。

横になるか、リクライニングシートに座り、頭の中を空っぽにします。冷めたらもう一度、温めます。目安は10分ぐらいです。

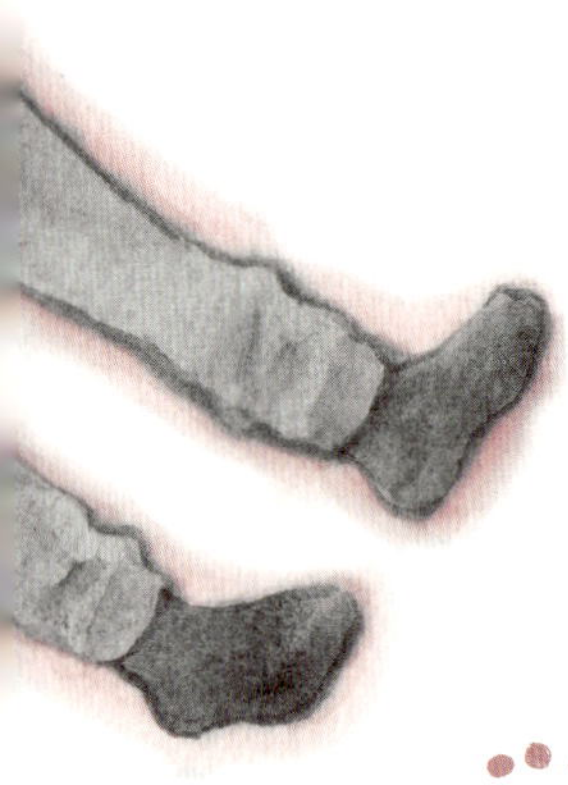

体験者の声K・Hさん・1人目　5歳　2人目　9ヶ月、関東在住

子宮に感謝、恐れを手放して聞こえてきた赤ちゃんからのメッセージ

私はいま2人のこどもを育てています。初めて出産したのは39歳のとき。出産後に、野口整体を知り、野口整体の考えに基づいた「活元会」というからだを整える会に参加するようになりました。その後、2人目の赤ちゃんを望む気持ちが強まっていたものの、なかなか恵まれない日々が続きました。

年齢的にも、「もう授かることができないのでは」との恐れが芽生えた頃、あきよ先生を知りました。あきよ先生の「胎教は授かる前から」との考えに感銘を受けてレッスンに参加するようになりました。

レッスンで「木になるイメージワーク」を体験しました。大地にしっかりと根付いて、からだの芯を感じながら宇宙ともつながっている感じがし

て、豊かな気持ちになりました。

目を閉じて、子宮に手を当てて心を寄せると、子宮への感謝の気持ちがあふれ涙が止まりませんでした。


太陽の光を全身で感じる「日想観」もよくしました。光の通り道を身体に作り、おなかにはいつも温かなものがあるという感覚はとても心地よいものでした。朝日を浴びながらよくやりましたね。

それから、夫とともに2人目の赤ちゃんが来てくれたらどうしたいかと夢を共有しあいました。具体的には、「こんな暮らしがしたい」というイメージを象徴する写真や雑誌を切り抜き、コラージュしました。それと同時に3人家族のままだった場合のコラージュも作りました。そうすることで「2人目が生まれても、生まれなくても、どちらでも幸せなのだ」と気づくことができたのです。私の次の誕生日までに赤ちゃんが来なかったら、2人目はあきらめようと思えました。

そうして心がすっきりと整うようになったころ、2人目を授かりました。

妊娠中もあきよ先生のレッスンに通い、自分の心や赤ちゃんの思いを感じながら過ごすことが大事だと教わりました。

妊娠中の食べ物についても、あきよ先生から大事なことを教えていただきました。

「いのちを頂く」

「季節のものを食べる」

「添加物に注意」

「食べられない時は無理に食べる必要はないし、からだの要求に従って食べたほうがよい。でも、惰性で食べるのはよくない」

「食べていけないものにフォーカスするより、食べていいものを思い描くほうがいい」

など、あきよ先生の考え方に共感しました。

また、「散歩」も心がけ、上の子が寝ているうちに早起きしてのおなかの赤ちゃんと散歩をする時間を作ったものです。

出産前夜には、印象的な出来事が。夫におなかのマッサージをしてもらっているとき、「男の子かな？」と語りかけると、おなかの中でしっかりキックをして「そうだよ」と元気に伝えてくれたのです。そして「もうすぐ対面できるかな」と思った翌日、産まれました。

実は1人目の出産後は、赤ちゃんと2人きりの時間が多く精神的に不安定なこともありました。しかし、2人目のときは、「産後ドゥーラ」（P96参照）という産婦のケアをする方にも来てもらい、主に食事作りを手伝ってもらいました。心身ともにデリケートな時期に信頼できる方が寄り添っていてくれ、安心感に包まれながら赤ちゃんと接することができました。

「おなかの中からの子育て」は、妊娠中、忙しくておなかの赤ちゃんに心を向ける時間を作りにくい人などにこそおすすめです。

大きな発見や感動がきっとあると思います。

第3章

出産後に大事な3つのこと

おっぱい、抱っこ、話しかけで「ママも」回復！

おなかの中からの子育ては、おっぱいをあげることが順調に進むまでを一区切りにしています。赤ちゃんが健やかに育つには次の3つが大事です。

① おっぱい
② 抱っこ
③ 話しかけ

話しかけはもちろん一方的なものではなく、赤ちゃんからの訴えを聴くことも大切です。

赤ちゃんが健やかに育つとともに、「産後のお母さんの回復」も欠かせません。この2つが順調にいくことが一番大事ですね。

その両方をつないでいるのが、おっぱいです。

母子のからだとを満たす「おっぱい」のチカラ

ここで、母乳育児のよい点を確認してみましょう。

〈赤ちゃんにとって〉

・母乳は赤ちゃんにとって最適な栄養
・赤ちゃんは母乳を飲むときお母さんから安心感を得る

〈お母さんにとって〉

・子宮の回復促進（骨盤も元に戻る）
・妊娠で増えた体重を元に戻せる

〈赤ちゃんとお母さん〉

・どちらにとっても、幸せな体験であり、強い絆が生まれる。

おっぱいは「**飲む赤ちゃんも幸せ、飲まれるママも幸せ**」というどちらもうれしい関係です。「おっぱいを飲まれて胸がキュンとなり、母となった喜びを実感した」と言う人もいます。そんな素敵な「おっぱい体験」は、赤ちゃんを産まなくてはできません。

赤ちゃんを産んだ人だけにもれなくついてくる「特典」です。

産後3～4日は「おっぱい準備中」

いいことずくめの母乳ですが、中には病気などの理由で、どうしても飲ませられない人もいます。それは本当に希なケース。そのような場合は別として、なぜ母乳をあきらめる人がいるのでしょうか？

おっぱいが出にくくなるのは原因があります。一つは、お産直後の3日間の過ごし方です。母乳がどんどん出るようになるまで、3～4日、場合によってはもっとかかります。

今までひんやりしていた乳房が温かく熱を帯びてきて、乳房自体も大きく張りが出てきます。これが産後の3～4日の間に起きます。

両方同時ではなく、さっきは左だったが今度は右というように、数時間おきに交互にやってくるのです。

この時期のおっぱいは「初乳」と言います。

免疫物質を多く含んでいる特別な母乳です。量は多くなくとも、赤ちゃんが吸うことで分泌が促されます。ですから、赤ちゃんにしばしば、おっぱいを吸ってもらうことが、お母さんのためにも重要なのです。

この時期は多くの方は入院中です。お母さんの努力より、その病院や産院のおっぱいに対する具体的な取り組みによる影響が大きく表れます。

産後すぐ母乳を含ませるか、赤ちゃんとお母さんが同室か、添い寝でもおっぱいを含ませることができるかがカギになります。

もし、病院で赤ちゃんを管理し、決まった時間でどんどんミルクを飲ませてしまうと、赤ちゃんはお母さんのおっぱいを飲むことを覚えるチャンスを失います。その意味でも産む場所を決める時に、お産だけでなく母乳の事も配慮しておきたいものです。

母乳の出を左右する「2つのタイミング」

2つめは、退院して自宅での生活が始まった時です。この時期の問題点は2つ。1人で家事と育児、何もかもしなくてはならない場合、ママが疲れて母乳の出が悪くなること。そして、手伝いに来てくれたおばあちゃんが心配して「おっぱいが足りていないのでは?」と言い、ミルクを足すように、アドバイスすることです。

「母乳、どれくらい飲んだかわかるメーターがついていればいいのにね」

と冗談で言うことがありますが、数字で確認できないので、不安につながります。「足りないのでは？」と言われると赤ちゃんが可哀想にもなり、おばあちゃんのアドバイスに不本意ながらも、その場を丸く収めたくてミルクを与えてしまうケースも、結構あるのです。

母乳は赤ちゃんの飲む量に合わせて母体が自動的に分泌を調整しています。ミルクを飲んで母乳を飲む量が減ると、「母乳をたくさんつくらなくていい」という信号として体が受け取ります。

母乳の出はますます悪くなってしまいます。

対策としては、助産師や母乳に関する専門家に相談すること。まず電話で相談し、出張してもらうのがよいでしょう。母や義母とケンカをすることはありません。

「今、母乳を与えることは最大の使命」と思って感情に流されずに行動しましょう。実際に乳房や赤ちゃんの状態を見てもらい、母乳がよく出るための手技などを受ければ、必ず解決します。

ミルクをあげる時は堂々と心を込めて

帝王切開の場合は、産後母乳をあげたいという希望をよく伝えて、具体的に産後どうしてもらえるかを、担当の医師や助産師に相談しましょう。

赤ちゃんが早産や低体重その他の理由で、新生児室、または新生児集中治療室で管理されることになる場合もあります。そのような場合、絞った母乳をあげられるかどうかを確認しましょう。

でも赤ちゃんと離れている期間が長いと、母乳もだんだん出なくなってきてしまいます。どうしても無理な場合は、堂々と心を込めてミルクをあげ、いっぱい抱っこし、話しかけ、ベビーマッサージなどをして、たくさん触れ合ってあげましょう。

乳房の大きさと母乳の出は「関係ない」

「私はおっぱいが小さいから母乳は出ないだろう」と初めからあきらめている人がいます。母乳の出は、乳房の大きさでは判断できません。貯めるタンクが大きい必要はないのです。

大事なのは、赤ちゃんに新鮮なおっぱいを飲ませること。赤ちゃんの泣き声を聞いたりすると、おっぱいがツッーと体の中から湧いてくる感じがすることもあります。

新鮮なおっぱいがおいしいおっぱいです。

「授乳3時間おき」より、赤ちゃんのサインを重視

赤ちゃんの要求に従って、おっぱいを含ませているうちに、次第に授乳のリズムができてきます。昼間は3時間おきくらいになります。時計を見て3時間ごとに授乳するということではなく、好きなように飲ませていったら結果として3時間おきくらいになってきます。

こうなったら、おっぱいが順調に出ているので安心というサインです。

夜間も3時間授乳をすすめる専門家もいますが、もし赤ちゃんが夜はもっと長い時間眠ってくれるのなら、無理に起こしておっぱいをあげる必要はありません。

こんな時にも、「赤ちゃんノート」（P58参照）に授乳記録をメモしておくと、役に立ちます。

働くママもリラックスできる「母乳育児」

産後、早くお仕事に復帰する予定の人は、母乳をどうしようかと、悩むかもしれませんね。

たとえ2か月だけでも、母乳をあげましょう。

復帰と同時に完全にやめてしまうのでなくて、夕方から夜だけの授乳というのも可能です。仕事開始と同時におっぱいが張り乳腺炎になるということのないように事前に母乳の専門家に相談することをおすすめします。

母乳をやめることとお仕事への復帰を同時にすると、赤ちゃんもお母さんもつらい思いをするでしょう。

保育園という今までと違う環境に入った赤ちゃんも、慣れるまでいろいろ大変です。お母さんも仕事と育児の両方で疲れます。

そんな時に、夕方から夜だけでもおっぱいをあげることで、お母さんもリラックスでき、赤ちゃんはもちろん深く安心する、おっぱいはそんな効果もあります。

◆おすすめ情報◆

①おっぱいのことがわかる本

『おっぱいでもっと楽々すくすく育児』北野寿美代著（メディカ出版）

②おっぱいに関する参考情報

ラレーチェリーグ（電話相談申込）

桶谷式母乳育児相談室（全国）

NPO法人　日本ラクテーション・コンサルタント協会

7日ごとに変わる産後のからだ

産後のからだは7の倍数で変わっていくと言われています。生まれた日から数えて、7日目を「お七夜」と言い、この日までに命名披露する習わしがありました。名前がついて初めて「赤ちゃん」から固有名詞を持った子どもになります。

ちょうどこの頃に、産院から退院でしょう。

21日目を「床上げ」と言います。それまでは昼間でも布団を敷きっぱなしにして、もし疲れたら横になって、寝ながら授乳をしてもいいのです。

この時期、一番優先されるのは赤ちゃん。おっぱいのリズムが順調になることが大事です。

おっぱいが順調に出て、赤ちゃんがすくすく元気に育つためにも、お母さんがゆっくり休めることがとても大事。お母さんは、いつでもからだを休め、気持ちもホッとできることが大切です。

そのために産後は、家事を手伝ってくれる人が必要です。最近は親きょうだいだけでは何とかできない場合も多いので、産後のお母さんに寄り添い支える「産後ドゥーラ」という資格を持った人に支えてもらう方法もあります。「一般社団法人／産後ドゥーラ協会」のホームページを事前に確認しておくとよいでしょう。

市区町村単位で、「ファミリーサポート」などの名前で家事サポートを行なっているところもあるので、事前に問い合わせしておくのもおすすめです。

ただ、産後ゆっくりしたいときに、他人が家に入ることや、その人に指示を出すこと自体がストレスと感じることもあります。

そのため例えば、産後ドゥーラの場合、妊娠中に事前の訪問をしてもらうこともできます。仕事内容も事前に伝えられます。赤ちゃんの生まれてこないうちに、できる準備をしておくのもよいでしょう。

でも、生まれてから初めてわかることだってあります。

その時には周りに電話して、なにかの糸口を探しましょう。どうぞ、1人で頑張りすぎないでくださいね。

からだが回復する目安は、産後6週間

産後42日、6週目というのは、からだが回復する一つの目安とされています。

産後1か月目にはお産をした産院などに行き、赤ちゃんの成長とお母さんの回復のチェックをしてもらっていると思います。人によって、個人差はありますが、6週間たつとセックスも開始していいとされています。

お産という大仕事の後でもあり、おっぱいをあげるだけでせいいっぱいで、お母さんのからだは、その気にならないかもしれません。しかし、パートナーの方は、待ちに待っているかもしれません。個人差の大きい問題ですので、一概には言えませんが、この時期もコミュニケーションとしてのセックスは大切にして欲しいと思います。

お母さんのふとんに赤ちゃんを添い寝させるのは、おっぱいの観点からはいいのですが、赤ちゃんを盾にしないでくださいね。川の字で寝るにしても、真ん中は赤ちゃんでなくてお母さんです。

最近、お産を機にセックスレスになってしまった、という話をしばしば

聞くことがあります。それは残念なことだと思います。お産の後の骨盤の回復がうまくいっていない結果かもしれません。

整体の野口晴哉先生は、理想的なお産をすると、女性はお産後の方が、より感じる体になると言います。

「左右のおっぱいの張り」もママの骨盤と連動

お産や月経時に骨盤が開きますが、中でも最大限に開くのは、お産の時。お産が済むと、骨盤は左、右、左、右というように交互に閉まり、ある時から、両方一緒に閉まります。閉まるときに子宮も収縮してもとに戻ろうとし、おっぱいが張ります。

「産後、骨盤が交互に閉っている間は立ち上がらずに横になって過ごし、揃ったところで立つのがよい」と野口先生は言っています。

私は2人目のお産に初めてこれを実行してみました。けれども寝た状態で実際に今、自分の骨盤の左右どちらが閉じているのかを感じるのは難しいことでした。

そこで左右どちらが閉じているかを見極めるために、左右の腋に体温計を入れて温度差を見ると、左右の体温は交互に変わり、体温と連動しておっぱいも交互に張ってきました。

つまり、おっぱいの張っている側の体温が高いということです。私の場合は3日目の夜に体温が揃ったので、ふとんの上で正座し、4日目から起き上がりました。野口先生の言う産後の起き方を実行し、自分の体に良い変化があったという感覚を6週目以降に実感しました。

ただ、この方法を実施できる産院がほとんどないために、なかなか人にすすめられませんでした。

最近、横浜の助産院バースハーモニーがこの産後の起き方を行なっていることが分かり、とても嬉しく感じています。

助産師であり院長の齊藤純子先生は、『まってるね　あかちゃん』（マガジンランド）という本も出されているので、興味のある方はご覧になってください。

食べるときに大事にしたい事

野口晴哉先生は、からだの要求に従って食べるという事をすすめています。特に、妊娠中は嗜好の変化が激しいときですが、「本当の要求に従って食べる」という事は、わがまま勝手とはまったく違います。

伊藤真愚先生は「陰陽五行」に基づいた食についての原則を説いています。

両先生どちらも妊婦は食べない方がいいと言うのは「砂糖」です。カルシウムを捨てる、からだを冷やす、ゆるめる、という働きがあるからです。

しかし、やめるものに集中するより、食べた方がいいものをすぐ食べられるように身近に置くことを心がけましょう。

「空腹の快」を大事にしたいですが、つわりの時には空腹になると気持ちが悪くなるタイプもあって、いつもより頻繁に食べる事もあるでしょう。でもその時期を越えたら、おなかが空っぽになる感覚を味わってから食べるようにしましょうね。

食べ物の事を言うと「何を、食べた方がいい、食べない方がいい」という話だと受け取られがちですが、食べ物との付き合いは生きること全体に関わっていて奥が深いです。

皆さんそれぞれのマイ・ルールがあると思いますが、妊娠中は特に自分にとっての「きもちよい」感覚を大事にしましょう。
・食べ物はいのち（食物の生命力）を頂くこと。
・おいしく食べよう。
・空腹の快感を知ってこそ、満たされる感覚がわかる。
・食べる事と出す事（排泄）はどちらも大事。
以上、私の「食べ物について大事にしている事」から。

抱っこと触れ合いで、赤ちゃんとつながろう

おっぱいをあげるお母さんは、日に何度も赤ちゃんを抱っこをすることになります。お父さんにも、赤ちゃんを抱っこしてもらいましょう。眠りにつきそうな時、赤ちゃんはズシンと重く感じます。同じ体重なのに感じが変わるのです。抱っこしていて眠ってしまった時など、そんな違いも体験できるかもしれませんね。

赤ちゃんを抱っこするときは、あなたの手から赤ちゃんを育む「気」が出ているという気持ちで抱っこしてみましょう。

赤ちゃんから発せられている気も抱っこしている人に伝わって、赤ちゃんと抱っこする人の間で気が巡っているとイメージしてください。気が放出されて減るのではなく、循環して高まっていく感じです。

最初は「そんなものかな」と半信半疑でも、そのつもりでやっていると、次第に手が敏感になって赤ちゃんからいろいろなことが感じられるように

なります。赤ちゃんに手を当てて静かに呼吸しているだけでよいのです。必ず、右手も左手も当てましょう。こうすると気が循環していきます。例えば、右手を赤ちゃんのおなか（肋骨の右下）に当てて、左手を赤ちゃんの後頭部に当てます。この手の当て方は、生まれたての赤ちゃんにすると、胎便の排出を促すと言われています。

私もはじめは、ただ言われた通り形だけでもと手を当てていたのですが、いつの間にか手の感覚が敏感になったようです。子どもが熱を出した時やおなかを下した時、普段との違いが手のひらで感じられるようになりました。この感覚は、まだ言葉で伝えることができない赤ちゃんから幼児を育てている時にとても役に立ちました。

子どもがどこか痛いと訴えるようなとき、自然と手を当てられるようになります。パパにもやってもらえたら、親子、夫婦、家族の間で手を当てることが当たりまえの生活になりますね。

胸の奥から話しかけよう

赤ちゃんは、生まれてから歩き出すまで、約1年かかります。

この1年はおなかの中の続きで、人生の中でも特別な時間です。この時期に人間としての大事な核が完成します。

おなかの中から話しかけて育てた赤ちゃんですから、生まれてからも、きっと自然に言葉をかけていると思います。「さぁ、おっぱいにしようね」「おむつを替えようか」など声をかけてから抱き上げます。一方的に話しかけるのでなく、赤ちゃんとお話しするという心で。

おなかの中にいたときは表情も見えませんでしたが、生まれたら、顔が見え、声が聞こえ、触れられます。手応えが充分ありますね。

「赤ちゃんはわかっている」という前提で、胸の奥から話しかけましょう。赤ちゃんの声や表情や様子から伝わってくるものがあるはずです。

子育てをしていると、予想していなかったことにも出会うでしょう。それも親になればこそ味わえること。きっと、これからもあなたにいろいろな新しい発見をさせてくれるでしょう。

いま、あなたの前にいる赤ちゃんが未来の世界を創ります。赤ちゃんが未来そのものです。

そう、今あなたは、未来を育てているのです。

体験者の声

E・Hさん・30代・1人目　1歳5ケ月、関東在住

マタニティブルー、切迫早産、3つのワークで赤ちゃんとつながり、今は子育てが不思議なほど楽な日々。

浅井先生の活動を知ったのは出産する2ケ月半前でした。じつは、妊娠中、マタニティーブルーがひどく、夫といさかいになり、実家に帰ろうとしたことが何度かありました。

妊娠7ケ月で切迫早産になった時には、不安な気持ちが増し、一時はかなり思い詰めたことも……。それが、浅井先生のレッスンに行くと不思議と落ち着いたのです。出られる限りレッスンに参加し、やれるだけのことはやった、と思ってお産に臨むことができました。

レッスンでは次の3つが印象的でした。ひとつは木になるイメージワーク。赤ちゃんも気持ちよさそうで、おなかを中心に身体が温かくなる感覚でした。回を重ねるごとに赤ちゃんとのつながりが強くなり、信頼を深めてい

くことができました。短時間で地に足が着いたようにスッと落ち着きます。

2つ目は、「赤ちゃんと一緒に歩いている」と感じながら歩くこと。信号待ちなどの少しの時間でも赤ちゃんとお話していました。

3つ目は、日想観です。太陽の温かさを感じて赤ちゃんに届ける日想観は、本能的な感覚を呼び戻し、精神の安定に役立つと思いました。私自身が精神的に落ち着くことを赤ちゃんも喜んでいましたし、身体中に太陽の暖かさと光が満ちていく感覚は素晴らしいと思いました。

お産は助産師さんに褒めていただけたほどスムーズで、対面した赤ちゃんは思っていた以上にかわいかったです。ついに会えたという喜びは、今まで生きてきた中で最上のものでした。赤ちゃんは神々しく、仏様のように穏やかな顔で厳粛な気持ちになりました。

家事や育児のサポートは、ほぼ夫のみですが、不思議なくらい子育てが楽です。赤ちゃんは表情が豊かで、特に目の表情が豊かで、こちらが伝えていることを理解しているのがわかりました。

「おなかの中からの子育て」が大事なことを、全ての妊婦さんとそのパートナーに知ってもらいたいです。

あとがき

生まれてきた赤ちゃんが「自分は愛されている」と感じて育ったら、その赤ちゃんの無限の可能性が花開きます。関わる人も皆、幸せになっていくでしょう。育てているお母さんも大きな喜びを受け取るでしょう。

そんな幸せな子育てのスタートができたらと願って、妊娠中、おなかの赤ちゃんのためにできることを書きました。

中でも、私のレッスンの中心となっているイメージワークは、からだを運んで目の前で一緒に体験していただくレッスンですので、文字で伝えるのはむずかしいところもありましたが、このようなレッスンがあると知っていただくきっかけとなればと願い、綴りました。

ですが、この本に書いてあることを、すべてしようと思わなくても大丈夫！　無理なく取り入れることができるものから、少しずつやってみてください。あなたの前向きな気持ちは、必ず赤ちゃんに届くでしょう。

また、子育ては成功とか失敗とか短絡的に決めつけないほうがよいでしょう。自分の子育てを振り返ると、まだ胎教を知らなかった1人目の時に、自然に心を集中していたと後になって気づいたり、とても大変だと思っていた子育てが、最も大きな気づきを与えてくれたり、その振り返る時期によって見え方も変わってきます。すべて、私にとっての大きなギフトだったと感謝しています。

子育ても生きることも、たとえて言えば、理想というレールの上を走る電車ではなく、サーフィン、波乗りのようなものではありませんか。予測できない大波が来ても、なんとかバランスをとって、楽しんで乗り切っていく、そんなイメージです。

妊娠やお産という体験は、自然の一部である、地球の上の生物であることを実感させてくれる貴重な機会です。

そして、いま私が生きているということは、父母、そのまた父母、たくさんの命のつながりの中で生きてきたということも思い出させてくれます。

新しい命を宿し、生みだそうとしているあなた！　妊娠、子育てという特別な時を、どうぞ一日一日、大切にお過ごしくださいね。

浅井あきよ
NPO法人「へその緒の会」代表理事
東京都葛飾区出身。

東京学芸大学（幼稚園教育専攻）卒業。

伊豆の山の中で子育て中に自給的農業生活を経験した後、1985年より東江幼稚園を夫と共に継承し、2008年まで園長を務める。

子育て中に出会った3人の師から学んだことと4人の子育ての実践をもとに、1987年より幼稚園で妊娠中の母親に「胎教レッスン」を始める。

胎教を含むお産と子育てに関する先人からの知恵を伝承するため、NPO法人「へその緒の会」を立ち上げ、助産師・対話師と共に妊娠前、妊娠中、子育て中の人向けのレッスンを行なう。

「子育てはおなかの中から」をモットーに、親になる人が、しあわせな子育てのスタートを切ることができるようにと活動している。

NPO法人「へその緒の会」http://www.heso-no-o.jp/

おなかの中からの子育て

2015年9月5日　第1版第1刷発行

著　者　　浅井あきよ

発行者　　玉越直人

発行所　　WAVE出版
〒102-0074　東京都千代田区九段南4-7-15
TEL　03-3261-3713　　FAX　03-3261-3823
振替　00100-7-366376
E-mail:info@wave-publishers.co.jp
http://www.wave-publishers.co.jp/

印刷・製本　　萩原印刷

NDC495　111p　18cm
ISBN978-4-87290-762-9